La poésie ?

À chacun la sienne.

Ma poésie ?

Âme tantôt gaie tantôt douloureuse,

Révélée à l'encre,

Sympathique.

L'attente.

Après-midi d'été, au fil du mois d'avril.
Soleil de plomb.
Je croule sous le poids des copies.

Mais une brise légère vient m'interrompre, caresser mes tourments.
Elle me souffle l'odeur du Thym et de la Menthe.
Par la fenêtre grande ouverte, le piaillement des Moineaux le dispute
À un Coucou solitaire.
Aussi solitaire que ce Coquelicot venu chercher l'ombre de mon
Olivier, au parterre de Marguerites.

J'entends encore, comme un enregistrement en boucle,
La voix chantante de Tiana au bout du fil.
Ses rires ont gravé dans ma tête leurs éclats.
À présent ils se mêlent aux chants et parfums du dehors.

Pourtant mon téléphone est silencieux.
C'est par lui qu'elle viendra à ma rencontre.
Comme sur la prunelle de ses yeux,
C'est sur lui que je compte.

Tuer le temps.

Il pleut, c'est pas ma faute à moi.
Moi, si l'on s'aimait, je t'offrirais
Des perles de pluie venues de pays
Où il ne pleut pas.

Hier je décidai d'une balade à Céret.
Capitale de la cerise, Musée du bouchon,
Nichée entre Albères et Vallespir,
Manière de mon antre sortir.

M'évader vers le passé de mes ancêtres exilés,
Celui des Républicains Espagnols
Qui dorment ici, à trois pas hors de leur terre.
Que le ciel pour eux se fit lourd !

Les Pyrénées sont magnifiques au printemps,
Sous un ciel d'azur ou parsemé de nuages blancs.
Mais le printemps d'hier fut sans cerise,
Les cieux chargés de gros nuages lourds !

Alors je voulus voir la mer
Qu'on voit passer le long du golfe, à Collioure.
Mais, après maints bouchons, maints détours,
La mer ne voulut pas de moi.

Pas vraiment heureux comme Ulysse
Qui fit un beau voyage,
Je retrouvai enfin, le vague à l'âme,
Le lieu de mes vertes années.

Faut pas que j't'appelle,
Faut pas que j't'appelle,
Attendre encore quelques jours…

Faut pas que j't'appelle,
Faut pas que j't'appelle,
Pourvu que viennent les beaux jours !

Ce Canal qui nous unit.

Le long du Canal du Midi,
Toi et moi,
Baladant sur le chemin de halage,
Gaiement nous allâmes, et sages,
Sous un franc soleil d'après-midi.

Entre deux Mers il nous promène
De la Ville Rose à l'Antique Cité Phocéenne,
De celle qui voulut décrocher la Lune
Vers Agathé Tyché*, la Bonne Fortune.

Ses eaux paisibles dans leur lit vagabondent
Et néanmoins sur nos esprits veillent.
À vaincre leur mélancolie elles s'essayent,
À choyer nos yeux ravis elles se fondent.

Par son onde le Canal nous unit,
Toi et moi,
De sa langueur infinie nous inonde.
Il ne promet ni l'ennui, ni la tombe
Mais le bonheur, la vie, un nouveau monde.

*Nom grec de la ville d'Agde.

Ambiance marine.

Allée déserte du front de mer

Brise légère chantant un air

Aux vieux Tamaris bras ouverts

Et chant éternel de la mer

Parfumant d'iode diffus dans l'air

Au ciel serein crépusculaire

Reflet de l'âme cœur grand ouvert

Tout pour ma femme mon être cher.

Au bord du mois de Mai.

Au bord de l'eau d'un lac, au bout du mois d'Avril,

Mon être entier, patraque, s'est resserré, fébrile.

Une maladie douce et pourtant si maligne,

Grande fièvre de l'âme a jailli sans détour,

A foudroyé mon cœur d'une manière insigne,

Niché dans mes entrailles le nœud du mal d'amour

Au bord du mois de Mai, mon cœur bat la chamade,

Exulte pour chanter la délicieuse aubade

De ta peau, ta douceur, ton sourire mêlés,

Du pastel de tes yeux, de tes tendres baisers,

De nos membres croisés, de nos corps emmêlés.

Au bord du mois de Mai, mon cœur chante la ballade

De l'émoi d'aimer.

Au pied de la Citadelle...

Comme deux enfants de fortune,

Au pied de la Citadelle,

Nos corps s'étreignent sous la lune,

Comme deux enfants rebelles.

M'offrant ton cou à nu,

Ta gorge vierge de Madonne,

Ta nuque en arrière s'abandonne

Comme en extase, vouée aux nues,

Sous les remparts de Carcassonne.

Ma main la soutient, la soulage,

Ma tête s'incline et surnage

Au-dessus de tes yeux-océan.

Tout à l'heure un moment verdoyants

Du grand soleil de l'après-midi

Ils scintillent, bleu-horizon maintenant.

À l'ombre des tours, après minuit,

Dans l'étreinte nos poitrines se fondent.

Pour que de mille baisers nos bouchent s'inondent,

L'imprenable Forteresse fait sa ronde.

La baie de Rosas.

Adossée dans mes bras, au creux de ma poitrine,

Tu contemplais le ciel et la douceur marine,

La mer d'Odysseus, du dieu Poseidôn,

Étalant à tes pieds son galant manteau bleu,

D'un bleu aussi épais que les cieux et profond,

Sous la voûte étoilée du crépuscule allié

Où la Grande Ourse allait triomphante, zélée.

Divine Majesté, déesse majuscule,

Au point de nous séduire comme Leda la Muse,

La Baie de Roses gaie apaisa nos tourments ;

Elle suspendit le temps…

Le temps du doute, d'un frémissement…

Le temps de s'estimer, de devenir amants.

Au pays de Dalí, la patrie de Gala,

Son arc nous envoûta, son sein nous régala.

St Guilhem le Désert.

Sur les pavés polis que nos pas lents étrennent,
Baignés par la lumière ardente d'un ciel crème,
Nous allions toi et moi la balade chantante.
Les murs de tuf calcaire du village de Guilhem
Régalaient nos cœurs purs de leur beauté extrême.

Mains dans les mains unis en forme d'entrelacs,
Nos bras se balançaient vibrants de notre joie.
S'amusant de ta ruse, tantôt de ta candeur,
Ils allaient et venaient dessinant la cadence
D'un rythme mesuré guidant nos pas de danse.

Tantôt tu me lâchais pour me faire la ronde,
D'un sourire amusé tu caressais mon ombre.
Tantôt me revenais te glisser dans notre onde.
Ma douce bien-aimée d'un air tendre, sans ombre,
Ta circonvolution m'emplissait de bonheur.

Nous poursuivîmes en cœur le chemin de nos rêves
Accompagnés du chant léger d'une rivière
Nous offrant sa fraîcheur le moment d'une pause.

Nous caressant le cou, la nuque, le visage
Du nectar de la source venu du Bout du monde*,
Nos lèvres humectées s'unirent en un mirage
Mêlant nos cœurs, nos sens, d'une étreinte féconde.

*Nom d'un cirque naturel, dans la campagne environnant le village
de St Guilhem (34).

Petit présent.

Ce ne sont que quelques fleurs

Pour l'élue de mon cœur,

Ma Tiana, ma douceur.

Un bouquet de fraîcheur

Offrant vives couleurs

Et l'éclat d'un soleil

Où la rose blottie en son cœur est éclose.

Mais sa vie n'a qu'un temps.

C'est pourquoi l'accompagne ce petit présent,

Un anneau à la rouge rose en effigie

Témoin de mes pensées pour ma Tiana chérie.

Bien au-delà de sa valeur de fantaisie

Il veut éternellement que la Rose ne se fane.

Enjouée.

Sous la frange brune lissée,

Sourcils dégagés,

Front au teint hâlé,

Tiana rit.

Ma fiancée pas sage me dévisage.

Aux paupières et aux cils, vert Ricil.

Les yeux bleu turquoise me toisent,

Les pupilles brillent, me fusillent.

Sous les pommettes altières,

Deux fossettes aux joues, coquines

Et la fine bouche rose, coquette,

Rient,

De moi se jouent, taquines,

Puis sourient,

Malignes.

Facettes.

Tiana coquette, Tiana se change.

Tiana pensive, visage d'ange.

Tiana distraite, Tiana ma belle.

Tiana taquine, rit de plus belle.

Tiana heurtée, Tiana rebelle,

Tiana résolue, solennelle.

Tiana lascive qui se déhanche.

Tiana aux nues, son corps s'épanche.

Les amants de la forêt de Saissac.

À l'orée d'un petit bois de chênes

Qui surplombe un obscur étang,

On pouvait deviner à peine

La silhouette de deux amants.

La Lune féconde était pleine,

Parée de son disque d'argent ;

Elle veillait sur la nuit sereine,

Égrenant lentement le temps.

Les amants allongés sur l'herbe,

Enlacés en tenue d'Adam,

Se fondaient en un seul être vierge

En quête de la fuite du temps.

Tes secrets.

Baiser sur tes paupières

Ton front, ta nuque altière.

Effleurer tes pommettes,

Tes joues, ta bouche offerte.

Impression de mes lèvres

Tel un doigté d'Orfèvre.

Cerises sur tes seins,

Hermine à ta poitrine,

La courbe de tes reins,

Tes trésors me fascinent.

Et quand laissant ma main

Aller au plus intime,

Ton corps soupire enfin

Et l'esprit qui l'anime,

Mon cœur s'emplit sans fin

Du plaisir de l'hymen.

Sur la plage Richelieu.

La mer fatiguée de son lessivage
Vient se délasser après son ménage.
La plage déserte, comme une enfant sage
L'accueille en amie sur son beau rivage.

Doigts longs et très fins, claire peau de satin,
Simple balconnet au-dessous des seins,
Paréo noué autour de ses reins,
Tiana sur mon torse pose ses mains.

À l'entour de ses yeux le Soleil se répand
Et en fait jaillir deux rivières de diamants.

Dans le creux de ses hanches, la courbe de ses reins,
Le grand Rê a trouvé le plus beau des écrins.

Le sable mouvant de la Tramontane
Dénoue ses cheveux, allume sa flamme.
Porté par l'ivresse du vent du noroît,
Debout sur le sable, bras et jambes en croix,
Pour cueillir ses lèvres je me fais petit.
Mon corps s'épanouit puis retient sa fièvre.
Partant à la quête de mes points sensibles,
De ses doigts de fée, Tiana la ravive.
Par-ci et par-là son corps se balance,
Me tourne la tête, va dans tous les sens.

Sa folle amusette, sa magique danse,
Met mon cœur en fête, torture mes sens.
Tantôt elle s'arrête, puis reprend la transe,
Exalte mon être, me tourne les sangs.

Impression soleil couchant.

Sous sa couverture étoilée

L'astre solaire ensommeillé

Se dore aux berges du Ponant.

À l'embouchure de l'Hérault,

Sur la rive droite du Grau,

Il cligne sur nous en dérivant.

Au-dessus des verts Tamaris

Nous devisant tels des Géants,

Ses reflets d'or sur l'eau palissent

Et enjôlent nos cœurs aimants.

Chant du soir dans la forêt Noire

Dans la forêt ensommeillée

Que la tiédeur du soir cajole,

J'entends sa voix énamourée

Fleurie de timides paroles.

Comme les cordes d'un violon

Elle vibre sans discontinuer ;

Le chant léger d'une rivière

Se joint à elle à l'unisson.

Elle chante un air mélancolique

Cherchant en moi la Vérité.

Pour l'égayer, la rassurer

De ma foi, ma sincérité,

De mon amour à sens unique,

J'offre mon âme à cœur ouvert.

Et face à ses yeux grands ouverts

Je confesse tous mes pêchés

Aux dieux de la nuit bucolique.

L'anneau.

Pour son anniversaire,

L'Espagnol petit Pierre

N'a qu'un souhait, quelques pierres.

En Seigneur de l'anneau,

Que ce présent ravisse

Son aimée, sa complice.

Qu'il épouse sa main,

Qu'il ait l'art, la manière,

De gagner sa confiance,

De sceller leur alliance.

Que ses doigts se réjouissent

De cet amour sincère.

Ta Toutoune.

Un regard a suffit,

D'un bond elle a surgi

Dans la cuisine où j'étais assis,

A trouvé sur mes cuisses son nid.

Fuyant le vent marin, la tourmente,

Elle est venue se blottir sur mon ventre,

Frotter sa tête contre mon bras.

Elle a rangé ses griffes, son effroi,

M'a regardé d'un air pantois.

J'ai caressé son doux minois.

Apprivoisée comme une amante,

Ses yeux se sont fermés sur moi.

Ma Tiana.

Ô ma Titi si attachée à sa Toutoune,

Ton petit chat apprivoisé par mes caresses,

Ô mon Ana tout près de moi, ô ma doudoune,

Tu me tiens chaud et me redresses quand je paresse.

Ô ma Tiana pour mon émoi, toi si à moi,

Dans tes nuisettes une Alouette si guillerette,

Tu fais leur fête aux amourettes, en femme honnête.

Dans ton corsage, tu gardes en gage ô ma Princesse,

Ce doux breuvage, cette promesse, ce mets de Roi

Qui me rend sage, m'emplit d'ivresse, me lie à toi.

Fillette.

Cheveux lissés, noués en couettes,

Ton doux visage de fillette

De moi s'amuse, me fait risette.

Tes mains agitent ta jupe verte

Pour me faire tourner la tête.

Les lacets de ta chemisette

Dansent légers, de moi se jouent.

Ronde élancée, dans tes claquettes

Avant de te pendre à mon cou.

Tourneboulé, pris dans la danse,

Mon cœur palpite, exulte, flanche

Puis se relève, saisit sa chance.

J'ai embrassé ta joie intense

Le nez caché sous ta couette.

Poème un pneu déjanté.

Ô ma Biquette !

Je serai ton Biquet,

J'allumerai ta flamme.

Ô ma Poupette !

Je serai ton Poupon

Et comblerai ton âme.

Ô ma Canette

En fidèle Caneton

Te boirai jusqu'aux larmes.

À bicyclette,

J'irai ma belle à fond,

De notre fortune en quête.

Nous roulerons nos rayons

Sur un tandem en fête.

Dans sa robe de nuit satin…

Dans sa robe de nuit satin

Tiana rit de mon impatience,

Tantôt laisse courir mes mains,

Tantôt freine mon désir immense.

Dans sa robe de nuit carmin

Où se glisse un duvet d'ivoire,

Elle contient mon élan sans frein

Afin que je ne puisse y voir

Trop vite ses secrets féminins.

Dans notre maison.

La table de la cuisine s'est revêtue de jaune,
Les murs pâles couverts de tableaux colorés.
Les meubles ont accueilli des objets bariolés,
Un tapis orangé réchauffe le salon.
Le soleil est entré dans mon humble maison.

Dans mon lit enrobée de draps d'un bleu satin,
Tiana rêve éveillée à de nouveaux matins,
À de grands champs de blé, magnifiques jardins,
À de vertes campagnes, au chant d'un coq lointain,
Venant la réveiller par la fenêtre ouverte.

Des rideaux de lumière ont garni les fenêtres,
L'intérieur parfumé par sa peau de jasmin
A saisi des rayons tamisés l'impression
Et Van Gogh et Monet renaissent à l'unisson
Sur les murs enchantés de notre humble maison.

Aussi loin que nous mènent la vie, les lendemains,
Dans la campagne heureuse je lui tiendrai la main.
Elle sera mon soleil, moi son ange gardien,
Aux sons de Vivaldi, Mozart et Pachelbel.

Notre Titoune.

Titoune, titounette,

Abandonnée, pauvrette,

Par des humains, des bêtes,

Sur un trottoir, ma mignonnette,

Je t'offre cette chansonnette.

Une berceuse rien que pour toi,

Petite chatte, petitoune,

Pour qu'à l'abri sous notre toit

Tu t'endormes dans ta doudoune,

Loin des gens vils et malhonnêtes,

Loin du mépris, de la violence

De cette humanité trop rance.

Quand tu n'es pas là…

Une semaine sans toi
C'est un printemps sans joie.
Quand tu n'es pas là
C'est la maison sans toit,
Tout croule autour de moi,
Les draps de lit froissés
À nu se sont lassés
Et devant la télé
Sur le sofa plié
Je m'éteins, désarmé.
Quand tu n'es pas là
Ma guitare perd son la,
Mes vers ne chantent pas.
Les lundis se font gris,
Le bon air s'évanouit
Et la nuit se languit,
Morne par ton absence,
De nous voir réunis
Enfin par ta présence.
Qu'au soleil de ma chance
Elle me ramène la paix,
Le bonheur de valser
Dans tes bras, enlacé,
Cette joie retrouvée
De rentrer dans la danse.

J'espère…

Au jour naissant j'espère

Le temps de ne rien faire

De contempler mes frères

Respirer l'atmosphère

Seulement ne rien faire

Te retrouver, te plaire.

Mélancolie de l'absence.

Que faire ou bien ne pas faire ?

Envie de rien, ne rien faire ?

Je mords la poussière.

Que faire ou bien ne pas faire ?

Désappointé je me terre.

J'ai fait souffrir mon amour

Sans le vouloir, sans retour ?

Je souffre à mon tour.

J'ai fait souffrir mon amour

Sans le vouloir, aux beaux jours.

Ma vie fléchit, je balance,

Le temps s'est mis en latence.

Absence de sens.

Ma vie fléchit, je balance,

Mélancolie de l'absence.

Reviens…

Reviens Tiana revoir la mer
Le grand soleil de primevère
Viens sentir le vent d'outre-mer
Qui sait chasser en un éclair
Les lourds nuages fuyant dans l'air.

J'ai installé la moustiquaire
Fait le ménage, la poussière
Ta chambre est prête, à ciel ouvert
Par la fenêtre, elle t'espère,
Mais moins que moi qui désespère.

J'ai questionné mon caractère
Sondé mon âme pas très fière
De ses sautes d'humeur, colère,
Me suis maudit de mes impairs,
Balayé mes démons amers.

Je n'ai voulu que me défendre,
Aucunement te faire du mal,
Chercher à me faire comprendre,
Aucunement te faire du mal,
Mais ne sachant me faire entendre,
À bout de nerfs, j'ai parlé mal.

Qui n'a pas connu la colère,
Qu'il me jette la première pierre.

Mais la violence n'est pas en moi.
Je dialogue, questionne, réagis,
Je me trompe, reconnais, contrit,
Je demande pardon et supplie,
Je comprends, me corrige, crois-moi.

Reviens Tiana, viens mon amour,
Viens ma Tiana, reviens chez nous,
Reviens Tiana, viens voir le jour,
La mer Tiana, renouer l'amour.

Cauchemar.

Deux flammes ondulaient sous la lune de minuit

Un soir d'été au bord du Canal du Midi,

Deux tourterelles aux contours vagues de la nuit.

J'approchai d'elles, le cœur grondant, pris de folie.

Je me cachai, les observant.

Il était jeune, à peine vingt ans,

Il souriait comme un amant.

Elle riait en l'écoutant,

Penchait vers lui ses yeux d'enfant.

Il l'embrassa en un instant.

Elle se laissa faire et pourtant…

Il dénoua sa robe d'argent.

Elle résista, le repoussant.

Il insista, prit les devants…

Je m'éveillai, en sursautant !

Elle a tout...

Elle a tout de toutes icelles

La beauté sauvage d'Esmeralda la belle

La volupté de Marilyn la rebelle

De Monica les hanches sensuelles

L'hispanité de Penelope, charnelle

De Barbara, fines lèvres vermeilles.

Mais elle n'a rien pris d'icelles

Incomparable au fond puisqu'elle

Se suffit bien pour être belle

Source de vie comme un soleil

Source de vie à mon réveil

Elle a pour moi, tout pour elle.

Ô visage soyeux, ô doux teint de miel !

Délicats sourcils, deux hirondelles

Deux émeraudes amandes, merveilles

Cheveux ondulés, longues mèches flanelle

Ondulation marine et beauté naturelle

Fantaisie à nulle autre pareille.

Ma douceur.

Café gourmand, chocolat chaud, miel du matin,

Je peux me lasser des douceurs du quotidien.

Mais la seule douceur dont je ne me lasse point,

Celle que j'enlace, que j'embrasse, que j'étreins,

Sous un temps merveilleux ou un ciel malheureux,

Dans mes pensées le jour, dans mes rêves la nuit,

Le soir ou le matin, à midi, à minuit,

Ou bien au beau milieu d'un clair après-midi,

C'est toi ma dulcinée, ma Tiana, mon envie.

Le bouquet de mon cœur.

Je ne peux t'offrir des Lys, ce bouquet Royal,

Pas plus des fleurs d'artifice, triste bouquet final,

Mais du jardin des délices, un bouquet jovial.

Pour séduire tes iris, des fleurs originales,

Cajolant ta douceur, ce duvet des pétales

Et pour qu'en toi s'immisce un amour pas banal.

Ce présent de mon cœur

Extrait de mon jardin

Déploiera dans tes mains

Ses plus vives couleurs

Afin de parfumer de vertes exhalaisons

Les coins les plus discrets de ta grande maison.

Saint-Pierre-La-Mer.

Tiana voulait danser, emportée par le vent.
Quelques pas esquissés, derrière puis devant,
La font virevolter au gré des éléments,
Salsa improvisée au rythme du Levant
Qui la fit tournoyer tel un ravissement.

Elle voulut s'allonger, bien à l'abri du vent,
Sur le sable léger elle s'étendit gaîment.
Près d'elle je me couchai cherchant son agrément,
Ses yeux me consultaient silencieusement ;
Pour mieux les contenter, les miens se firent grands.

Son regard azuré, aux flots étincelants,
Égaya mes pensées, apaisa mes tourments.
Je voulus l'accrocher, le retins un instant,
Mais il s'est détaché vers le ciel en rêvant
Et s'est mis à voguer mystérieusement.

Sa jeunesse est passée ici comme à Gruissan
En quête de Chalets, de tendres amants.
Ici les quatre cents coups, ici fut le « bon temps »,
De ses jeunes années elle va se souvenant
Et revoit son passé, mélancoliquement.

Une perle à mon cou liée.

Perle noire en Agde tu as brillé,

Jupe fendue pour laisser dévoiler

De ta peau d'enfant les éclats nacrés.

Du rouge à tes lèvres et à tes souliers,

À ton large sourire, ma destinée.

Perle noire de la Méditerranée*,

Ta fine chevelure couleur de jais

Au gré du grand vent voulut s'envoler.

Elle a soulevé mon cœur gros, percé,

Sous le soleil du joli mois de Mai.

*Surnom de la ville d'Agde, en raison de ses constructions
en pierre basaltique.

35

Campagne audoise.

Vals, vallons, douces collines,

Sous tes pas se déroulent et s'affinent.

Tes courbes voluptueuses s'animent

Dans la chaude lumière et la brise fine.

La campagne fleurie t'offre son baume,

Les blés d'or penchent leur chevelure de chaume

Vers ta poitrine déployée qui étonne

Coquelicots et genêts dressés comme un seul homme.

Au lac de Saint-Ferréol.

Dans l'eau du lac Tiana rêve.

Elle ne nage pas, elle rêve.

Les bras en croix, l'onde la porte

Comme une enfant que sa mère berce.

Elle s'amuse, se renverse,

Tourne encore, les yeux au ciel.

Devant cette danse aquatique,

Sur la plage d'ocres brunes,

Je la contemple debout, statique.

Le soleil d'Août brûle ma peau

Telle la flamme que dans mes yeux

Tiana vient de faire briller

De ses yeux bleus ensoleillés

Et son sourire émerveillé.

La Clape.

De ce petit sentier sillonnant la garrigue

On voyait se dresser de hautes parois rigides.

Allant d'un pas ailé sous un soleil torride

Nous progressions légers, le cœur impavide.

Du haut de la falaise, juste au-dessus du vide,

Le Gouffre de l'œil Doux* se creusait sous nos pieds.

La plaine s'étendait au loin dans l'herbe humide ;

On devinait la mer sous ses embruns livides,

Là-bas le mont Saint Clair** à l'horizon timide.

*La Clape est un massif caillouteux couvert de garrigue, surplombant la mer, près de St Pierre la mer et de Narbonne ; le Gouffre de l'Oeil Doux est une curiosité du lieu.
**Colline de Sète.

Volupté.

Par des sentiers guidant nos pas sans une entrave

Tu as semé à la volée sur mon visage

Ces doux baisers que tu cachais, en enfant sage.

Mon front, mes joues, le creux du cou gardent en hommage

Ces baisers d'où se libérait l'enfant sauvage.

Quand dans ton nid tu as blotti ton corps fragile

S'abandonnant contre mon corps, mes bras ailés,

J'ai vu en toi l'oiseau blessé cherchant son île

Dans le silence de ce lit aux draps froissés.

Lentes caresses, baisers sans cesse renouvelés ;

À ta prière j'ai mis ma pierre, me suis rendu.

À ton adresse j'ai délivré mon âme à nu,

Quête de paix, d'amour tranquille et volupté.

La conque des « deux frères »*.

Depuis là-haut la Lune croît au ciel radieux,

Agite sur l'eau l'écume, d'un rai faramineux.

Un fier halo l'allume et captive nos yeux.

En bas s'ébat la houle du soir qui vient s'échouer,

En longs rouleaux chargés d'espoir à satiété,

Sur le rivage de sable noir pour s'apaiser.

Deux rocs sombres et balèzes trônent entre ciel et mer.

Devançant la falaise, ces deux frères dressés,

Fermement amarrés, luisent dans la lumière :

Ils freinent la marée qui veut les consumer.

Surplombant la falaise, toi et moi enlacés,

Nous marchons vers la Lune pour atteindre nos vœux.

Qu'elle ne soit pas mauvaise, que durent nos années !

Que des milliers de lunes renaissent pour nous deux !

*La Grande Conque ou Conque des « deux frères », au Cap d'Agde, a été ainsi nommée par les Agathois. Plage en forme de Conque, de sable noir, en arrière de laquelle se dresse une falaise basaltique dont une pointe s'avance dans la mer. De cette pointe se détachent deux grands monolithes façonnés par les vagues, les « deux frères ».

Désir.

Besoin de tes yeux bleus et ta bouche maligne

Tes hanches vagabondes, de tes jambes la ligne.

Besoin de tes mains fines mêlées à mes cheveux

Admirer ta poitrine, t'emporter dans mon jeu.

Ta douceur me fascine, ma Tiana je te veux !

Table.

©2023, Pierre Soliva.
Édition : BoD – Books on Demand, info@bod.fr
Impression : BoD – Books on Demand, In de Tarpen 42,
Norderstedt (Allemagne)
Impression à la demande
ISBN : 978-2-3221-3939-2
Dépôt légal : mars 2023